# Contrato de namoro

Blucher

Série Conhecimento

# Contrato de namoro

Tânia Nigri

*Contrato de namoro*

*Imagem da capa* iStockphoto

Segundo o Novo Acordo Ortográfico, conforme 5. ed. do *Vocabulário Ortográfico da Língua Portuguesa*, Academia Brasileira de Letras, março de 2009.

*Publisher* Edgard Blücher
*Editor* Eduardo Blücher

*Coordenação editorial* Jonatas Eliakim
*Produção editorial* Bárbara Waida
*Preparação de texto* Ana Maria Fiorini
*Diagramação* Negrito Produção Editorial
*Revisão de texto* Karen Daikuzono

DADOS INTERNACIONAIS DE CATALOGAÇÃO NA PUBLICAÇÃO (CIP)
Angélica Ilacqua CRB-8/7057

Nigri, Tânia
Contrato de namoro / Tânia Nigri. – São Paulo : Blucher, 2021.
98 p. (Série Conhecimento)

Bibliografia
ISBN 978-65-5506-207-6 (impresso)
ISBN 978-65-5506-205-2 (eletrônico)

1. União estável – Brasil 2. Namoro 3. Direito de família I. Título II. Série

21-2084 CDD 346.81016

Índices para catálogo sistemático:
1. União estável – Brasil

Blucher

Rua Pedroso Alvarenga, 1245, 4º andar
04531-934 – São Paulo – SP – Brasil
Tel.: 55 11 3078-5366
contato@blucher.com.br
www.blucher.com.br

*À minha mãe, que me deu régua e compasso*
*para que eu me tornasse quem sou*

# CONTEÚDO

# INTRODUÇÃO

Uma das questões mais importantes do direito de família moderno, e que vem gerando muitas dúvidas não apenas entre os casais, mas também no meio jurídico, é a diferenciação entre os namoros contemporâneos e as uniões estáveis.

Antigamente, essa distinção era feita de um modo bem mais fácil, mas a evolução dos costumes e o aumento da liberdade sexual fizeram com que muitos namorados passassem a dormir juntos, dividir contas, fazer investimentos conjuntos ou, até mesmo, morar debaixo do mesmo teto, o que torna difícil a tarefa de investigar se estamos diante de um namoro ou de uma união estável,[1] havendo uma linha bastante tênue entre eles.

O namoro é uma relação afetiva entre duas pessoas sem que exista, ainda, uma entidade familiar. É verdade que o relacionamento pode ser o prenúncio de uma família que se constituirá no futuro, mas isso não configura uma verdadeira união estável, pois nessa última a família já está constituída, ambos se sentem "casados", e a sociedade também os reconhece assim.

1 Para um melhor entendimento de todos os aspectos relacionados à união estável, consultar a obra *União estável*, da mesma autora, mencionada nas Referências.

O namoro, em regra, não produz consequências jurídicas, como direitos de ordem patrimonial na separação ou na morte, enquanto a união estável, por ser reconhecida pela Constituição Federal como entidade familiar, acarreta a divisão do patrimônio comprado durante a relação (salvo se o casal tiver celebrado um contrato pactuando coisa diversa), direito a pensão alimentícia (desde que presentes as condições legais) e, também, direito a herança.

O que dificulta bastante a diferenciação entre o namoro e a união estável é o fato de a união estável se iniciar como um simples namoro e evoluir progressivamente até se tornar algo mais sério, não sendo fácil precisar quando termina um e começa o outro.

Para a configuração de uma união estável, a lei não exige que os companheiros morem juntos, não fixa prazo mínimo de relacionamento, não exige filhos comuns, tampouco a necessidade de formalização da união por meio de escritura pública ou contrato particular; por isso, caberá ao juiz da causa analisar as circunstâncias do caso concreto, com as provas apresentadas pelas partes, para que, só ao final, possa proferir sua sentença, em que decidirá se o relacionamento era de namoro ou união estável, fixando as consequências jurídicas dessa decisão.

Tendo em vista que há muitas semelhanças entre ambos e há o risco real de eles virem a ser confundidos, têm ganhado força nos últimos anos – especialmente em tempos de pandemia, quando muitos namorados passaram a morar juntos – os contratos de namoro. Esses contratos têm o objetivo de deixar documentado que a relação do casal é, tão somente, de namoro, não havendo a intenção de os namorados constituírem família. Há casais que deixam registrado, inclusive, qual será o regime de bens a reger a relação, na hipótese de o namoro evoluir para uma união estável.

Para essas pessoas, o contrato de namoro seria um importante instrumento para auxiliar o poder judiciário na análise do caso concreto, além de resguardar a autonomia da vontade das partes de não formar família, o direito à dignidade da pessoa humana e o direito de não ser tutelado pelo Estado num assunto restrito à sua intimidade.

Sobre essa intervenção do Estado na vida privada, Mário Delgado (2014), em interessante artigo chamado "O paradoxo da união estável: um casamento forçado", critica o excesso de regulamentação da união estável, assinalando que não compete ao legislador, nem aos tribunais, regulamentar a união estável a ponto de atribuir-lhe direta e autoritariamente os efeitos da sociedade conjugal, o que implica, na prática, transformar a união estável em casamento contra a vontade dos conviventes, aos quais se estaria impondo um "casamento forçado".

Voltando aos contratos de namoro, ainda há grande debate em torno da sua validade/utilidade, mas, mesmo assim, eles têm sido bastante procurados, não apenas após a promulgação da Lei n. 9.278/1996, mas, especialmente, nos tempos de pandemia, quando muitos casais passaram a morar na mesma casa durante a quarentena e viram neles um meio de se proteger.

Embora não haja tantas decisões judiciais sobre o assunto, podemos citar um importante precedente julgado pelo Tribunal de Justiça de São Paulo (TJSP), que negou o reconhecimento de uma união estável levando em consideração, além de outras provas, a existência de um contrato de namoro assinado pelo casal. O relator do caso mencionou que "os litigantes convencionaram um verdadeiro contrato de namoro [...] cujo objeto e cláusulas não revelam ânimo de constituir família" (TJSP, Apelação Cível n. 9103963-90.2008.8.26.0000, relator: Grava Brazil).

Apesar dessa decisão, os operadores do Direito e os tribunais ainda não têm uma posição consolidada sobre a validade desses contratos, especialmente porque as regras que disciplinam a união estável são consideradas normas de ordem pública e não podem ser ignoradas por um simples contrato. Todavia, não se pode olvidar, também, que a sua celebração visa comprovar o que efetivamente existe, pois, se assim não fosse, esse contrato seria fraudulento e, portanto, não produziria o efeito pretendido.

Ao longo da presente obra, analisaremos quais são os elementos que diferenciam um namoro de uma união estável; as provas que o poder judiciário vem considerando como aptas a reconhecer um relacionamento não como namoro, mas como união estável; as distinções entre namoro, namoro qualificado e união estável; quais são os direitos daqueles que têm a sua relação reconhecida como união estável; o regime de bens e os direitos à herança dos companheiros; além da utilidade de se fazer um contrato de namoro.

Ao final do livro há uma seção de perguntas e respostas para que o leitor reveja o conteúdo ensinado, além da indicação de vídeos que tratam do assunto.

# REQUISITOS DA UNIÃO ESTÁVEL

O direito brasileiro sempre demonstrou grande preocupação em regular os casamentos entre homens e mulheres, mas, por muitos anos, deixou de tutelar as famílias que se constituíam de maneira informal. Essas relações entre pessoas de sexos diferentes como se casadas fossem, até a Constituição Federal de 1988, eram consideradas como concubinárias, e os conviventes não tinham direito a nada quando um deles viesse a falecer.

Após a Constituição de 1988, houve grande avanço nessa matéria, e passaram a ser reconhecidos outros modelos de entidades familiares que não as decorrentes do casamento, como a união estável entre homem e mulher e a comunidade formada por qualquer dos pais e seus descendentes (família monoparental).

Muitas pessoas, ainda hoje, confundem união estável e concubinato, pois a lei chamava de concubinato puro o relacionamento afetivo entre pessoas desimpedidas de casar e concubinato impuro a relação em que um ou ambos fossem casados com outras pessoas. Atualmente, o concubinato puro passou a ser chamado de união estável, permanecendo o chamado concubinato impuro.

Em 1994 foi editada a Lei n. 8.971, que regulamentava a união estável, conferindo, sob certas condições, o direito a alimentos e a sucessão aos companheiros. A lei fixava o prazo mínimo de cinco anos de convivência ou a existência de prole comum para ser reconhecida a união dos conviventes, exigindo, também, a prova da colaboração financeira para que um tivesse direito a metade dos bens do outro.

Como a união estável é uma situação de fato, mesmo que não tenha sido assinado nenhum contrato, isso não impede que ela seja assim reconhecida, gerando todos os direitos a ela inerentes. Por outro lado, se ela não existir na realidade, mas existir um contrato, este não passará de uma declaração falsa.

A mesma situação ocorre com o contrato de namoro: ele deverá refletir a realidade do relacionamento, pois, se for assinado por um casal que, na vida real, vive uma união estável, esse contrato não terá nenhuma validade no sentido de resguardar a situação jurídica dos signatários.

Em 1996 foi aprovada a Lei n. 9.278, que passou a reconhecer como entidade familiar a convivência duradoura, pública e contínua de um homem e de uma mulher, estabelecida com o objetivo de constituição de família. Observa-se, portanto, não estarem mais presentes os requisitos dos cinco anos de convivência, nem a necessidade de prole comum para que estivesse configurada a união estável.

A lei é breve, vaga e subjetiva, como se pode comprovar da sua leitura:

O namoro é uma relação afetiva entre duas pessoas sem que isso se constitua em entidade familiar, podendo, entretanto, ser o prenúncio de uma família que se constituirá no futuro.

**LEI Nº 9.278, DE 10 DE MAIO DE 1996.**

*Regula o § 3º do art. 226 da Constituição Federal.*

**O PRESIDENTE DA REPÚBLICA** *Faço saber que o Congresso Nacional decreta e eu sanciono a seguinte Lei:*

*Art. 1º É reconhecida como entidade familiar a convivência duradoura, pública e contínua, de um homem e uma mulher, estabelecida com objetivo de constituição de família.*

*Art. 2º São direitos e deveres iguais dos conviventes:*

*I - respeito e consideração mútuos;*

*II - assistência moral e material recíproca;*

*III - guarda, sustento e educação dos filhos comuns.*

*Art. 3º (VETADO)*

*Art. 4º (VETADO)*

*Art. 5º Os bens móveis e imóveis adquiridos por um ou por ambos os conviventes, na constância da união estável e a título oneroso, são considerados fruto do trabalho e da colaboração comum, passando a pertencer a ambos, em condomínio e em partes iguais, salvo estipulação contrária em contrato escrito.*

*§ 1º Cessa a presunção do* **caput** *deste artigo se a aquisição patrimonial ocorrer com o produto de bens adquiridos anteriormente ao início da união.*

*§ 2º A administração do patrimônio comum dos conviventes compete a ambos, salvo estipulação contrária em contrato escrito.*

*Art. 6° (VETADO)*

*Art. 7° Dissolvida a união estável por rescisão, a assistência material prevista nesta Lei será prestada por um dos conviventes ao que dela necessitar, a título de alimentos.*

*Parágrafo único. Dissolvida a união estável por morte de um dos conviventes, o sobrevivente terá direito real de habitação, enquanto viver ou não constituir nova união ou casamento, relativamente ao imóvel destinado à residência da família.*

*Art. 8° Os conviventes poderão, de comum acordo e a qualquer tempo, requerer a conversão da união estável em casamento, por requerimento ao Oficial do Registro Civil da Circunscrição de seu domicílio.*

*Art. 9° Toda a matéria relativa à união estável é de competência do juízo da Vara de Família, assegurado o segredo de justiça.*

*Art. 10. Esta Lei entra em vigor na data de sua publicação.*

*Art. 11. Revogam-se as disposições em contrário.*

*Brasília, 10 de maio de 1996; 175° da Independência e 108° da República.*

*FERNANDO HENRIQUE CARDOSO*

*Milton Seligman*

*Este texto não substitui o publicado no DOU de 13.5.1996*

O Código Civil de 2003 também listou os requisitos para que uma relação possa ser considerada como uma união estável, assinalando o seu artigo 1.723: "É reconhecida como entidade familiar a união estável entre o *homem e a mulher*, configurada na *convivência pública, contínua e duradoura e estabelecida com o objetivo de constituição de família*" (grifos meus).

Assim como fez a Lei n. 9.278/96, o Código Civil também manteve a subjetividade e a vagueza dos requisitos da união estável, o que vem gerando incertezas, especialmente em pessoas adultas que vieram de relacionamentos anteriores, construíram patrimônio, tiveram filhos de outros relacionamentos e não pretendem mais constituir família.

A crítica dos doutrinadores acerca da falta de objetividade da lei reside no fato de a união estável ser uma entidade familiar protegida pela Constituição Federal com reflexos jurídicos e patrimoniais. Muitos casais acham que seus relacionamentos se encaixam na definição de namoro, mas nem sempre é essa a visão dos tribunais; por isso, é fundamental atentar-se para os detalhes dos julgamentos mencionados mais adiante, que listam, de forma pragmática, a visão do poder judiciário sobre o tema.

Conforme determina a lei, a convivência do casal deverá ser *pública*, contínua e duradoura, ou seja, o relacionamento deverá ser ostensivo, nada impedindo, contudo, que haja um relacionamento discreto, desde que ele seja de conhecimento do círculo social dos conviventes.

A relação precisa, também, ser *contínua*, ou seja, deve haver estabilidade no relacionamento, não podendo haver sucessivos términos e reconciliações, já que uma relação "fragmentada" não configura união estável.

A exigência de que a relação seja duradoura é bastante subjetiva, já que não há, na lei, menção a um prazo mínimo para que ela seja assim considerada - apenas entre os anos de 1994 e 1996 havia a exigência de um convívio mínimo de cinco anos, mas hoje não há mais.

Quanto ao objetivo de constituir família, este é um elemento vago, pois leva em conta a vontade dos companheiros, a qual não é facilmente perscrutada por terceiros. Esse objetivo deve ser compartilhado por ambas as partes, podendo ser comprovado pela conduta dos conviventes, que devem se comportar como se fossem casados, devendo a vida em comum ser reconhecida pela sociedade.

É sempre bom ter em mente que a mera intenção de constituir família, projetada para o futuro, não basta para concretizar a união estável; o casal deve se sentir, no presente, vivendo como se casados fossem, já que, se assim não fosse, o namoro ou noivado, em que há somente o objetivo de formação familiar, seria equiparado à união estável (TAVARES DA SILVA, 2016).

O Superior Tribunal de Justiça (STJ) já consolidou sua jurisprudência no sentido de não ser possível o reconhecimento de uniões estáveis simultâneas, ou seja, uma pessoa não pode ter duas uniões estáveis com pessoas diferentes ao mesmo tempo. É preciso ressaltar, entretanto, que a mera existência de casamento válido não impede o reconhecimento da união estável, desde que haja separação de fato entre os casados – ou seja, se uma pessoa é casada "no papel", mas separada de fato, pode ter reconhecida a união estável com outra pessoa, daí se concluindo que uma pessoa formalmente casada, desde que preenchidos os requisitos legais, pode ter seu "namoro" reconhecido como união estável.

A união estável deverá, também, ser monogâmica, ou seja, não é possível que uma pessoa ainda casada e não separada de fato constitua uma união estável, salvo nos casos de uniões estáveis putativas, que podem ser reconhecidas exclusivamente quando ficar comprovado que o outro (sem impedimento para casar) estava de boa-fé e não tinha conhecimento de que o(a) parceiro(a) era casado(a).

Como já foi dito, a união estável poderá existir independentemente de estar formalizada em contrato, mas, caso haja interesse em registrá-la em cartório, isso poderá ser feito mediante escritura pública de declaração de união estável ou por meio de contrato particular.

Tendo em vista que a união estável começa quando os conviventes passam a ter um relacionamento público, contínuo, duradouro e objetivando a constituição de uma família – o qual, muitas vezes, vai se desenrolando sem que seja possível aferir a data do seu início –, a celebração do contrato é bastante aconselhável, pois diferencia o relacionamento do casal de um simples namoro ou de um namoro qualificado e fixa a data a partir da qual haverá a comunicação dos bens adquiridos por um dos dois conviventes, além de facilitar a inclusão de dependentes em planos de saúde e seguros de vida.

A formalização da união estável também auxilia na escolha do regime de bens, já que, na hipótese de não haver contrato ou nele não haver nenhuma menção ao regime de bens, será adotado como padrão o regime da comunhão parcial.

# FILHOS COMUNS

Um ponto que deixa muitas dúvidas entre os operadores do Direito diz respeito à existência de filhos comuns ou do desejo de tê-los, o que, para muitos, seria a comprovação do "intuito de constituir família".

Mesmo que não se desejem filhos comuns, ou quando tal pretensão não se concretize, ou ainda para casais em idade infértil, poderá existir o objetivo de constituir família, bastando que haja a intenção de partilharem a vida, com interesses comuns, lealdade, respeito, assistência recíproca, enfim, desde que vivam, efetivamente, como uma família.

Sobre essa questão, o Tribunal de Justiça da Bahia (TJBA), ao julgar a Apelação Cível n. 22335-8/2008, cuja ementa citamos a seguir, considerou que a existência de prole comum reforça a existência da união estável, mas, para ser reconhecida a união estável, é indispensável que seja provado, também, que o casal convivia de forma pública, contínua, duradoura e que o relacionamento foi estabelecido com o objetivo de constituir família.

> *Apelação cível - reconhecimento e dissolução de união estável - requisitos - comprovação - partilha de bens adquiridos durante a convivência - presunção de colaboração comum - ônus da prova -*

Ao contrário da união estável, o namoro não tem consequências jurídicas, não gerando nenhum direito de ordem patrimonial, como divisão de bens, direito a herança ou direito a pensão alimentícia.

> *sentença confirmada. Deve ser reconhecida a união estável, a partir da data indicada pelo autor/apelado, quando comprovada a convivência do casal de forma pública, contínua, duradoura e estabelecida com o objetivo de constituição de família,* corroborada pelo nascimento de filhos das partes. *Há presunção de que os bens adquiridos na constância de união estável decorrem do esforço comum dos conviventes, nos termos do art. 1.725 do código civil e art. 5º da lei n. 9.278/96, devendo ser partilhados na proporção de metade para cada, quando não afastada por prova em contrário. Recurso improvido. (TJBA, Apelação Cível n. 22335-8/2008, relator: Maria Geraldina Sá de Souza Galvão, grifos meus)*

Se é verdade que a existência de filho comum é um elemento importante para comprovar a união estável, a sua simples existência não é suficiente para que ela seja reconhecida, pois um filho é fruto de relações sexuais que podem acontecer independentemente de o casal ter uma convivência pública, contínua, duradoura e com o objetivo de constituir família.

Esse foi o entendimento da 3ª Câmara de Direito Civil do Tribunal de Justiça de Santa Catarina (TJSC), que acolheu parte de recurso interposto por uma mulher contra sentença que havia determinado a divisão de um apartamento com o ex-companheiro.

A desembargadora Maria do Rocio Luz Santa Ritta assinalou que nem mesmo a existência de uma filha é razão bastante para qualificar a união estável, pois para a concepção basta uma simples relação sexual, sem nenhuma espécie de vínculo.

# UNIÃO ESTÁVEL HOMOAFETIVA

A Constituição Federal de 1988 faz alusão à união estável apenas entre o homem e a mulher, dizendo, em seu art. 226, § 3º, que: "Para efeito da proteção do Estado, é reconhecida a união estável entre o homem e a mulher como entidade familiar, devendo a lei facilitar sua conversão em casamento". O artigo 1.723 do Código Civil de 2002, seguindo a mesma linha, dispõe: "É reconhecida como entidade familiar a união estável entre o homem e a mulher, configurada na convivência pública, contínua e duradoura e estabelecida com o objetivo de constituição de família".

É importante frisar que, apesar de o Código Civil e a Constituição Federal mencionarem, como vimos, apenas a união estável entre o homem e a mulher, em julgamento histórico, realizado em 5 de maio de 2011, o Supremo Tribunal Federal (STF) julgou procedente a Ação Direta de Constitucionalidade (ADI) n. 4.277 e a Arguição de Descumprimento de Preceito Fundamental (ADPF) n. 132. A primeira ação pretendia obter o reconhecimento da união estável entre pessoas do mesmo sexo como entidade familiar, assim como a declaração de que os mesmos direitos e deveres dos companheiros nas uniões estáveis fossem estendidos aos companheiros nas uniões entre pessoas do mesmo sexo. Na ADPF n. 132, por sua vez, o estado do Rio de Janeiro pediu que o STF aplicasse o regime jurídico das uniões estáveis às uniões homoafetivas de funcionários públicos civis do Rio de Janeiro, ocasião em que todos os ministros votantes expressaram posição favorável às ações e reconheceram a união homoafetiva como entidade familiar, aplicando-lhe o mesmo regime da união estável entre homem e mulher.

Esse julgamento foi tão importante que o STF recebeu o certificado MoWBrasil 2018, oferecido pelo Comitê Nacional do Brasil do Programa Memória do Mundo da Unesco, e a decisão foi inscrita como patrimônio documental da humanidade no Registro Nacional do Brasil.

Em decorrência desse julgado, foi editada a Resolução n. 175/2013 do Conselho Nacional de Justiça (CNJ), obrigando todos os cartórios do Brasil a realizar casamentos e converter uniões estáveis em casamentos entre pessoas de mesmo sexo, disciplinando a norma que a recusa implicaria a imediata comunicação ao respectivo juiz corregedor para as providências cabíveis.

Conforme se viu, as uniões homoafetivas, da mesma forma que as heteroafetivas, são consideradas uniões estáveis desde que atendam aos critérios previstos na lei, quais sejam: que a convivência seja pública, contínua e duradoura e haja a intenção de constituir família. Portanto, os casais homossexuais correm os mesmos riscos que os casais heterossexuais de terem seus namoros confundidos com uniões estáveis, com todas as consequências jurídicas e patrimoniais daí decorrentes.

# PRAZO MÍNIMO DE CONVIVÊNCIA

O Código Civil não fixou um período mínimo de convivência para que um relacionamento deixe de ser um simples namoro e "se transforme" em união estável. A Lei n. 8.971/1994 previa o prazo mínimo de cinco anos ou a existência de filhos comuns para configurá-la, mas essas exigências *não existem mais*.

É verdade, contudo, que, para fins *exclusivamente previdenciários*, o Instituto Nacional do Seguro Social (INSS) exige a comprovação do prazo mínimo de dois anos de convivência, além dos outros requisitos, mas esse prazo só tem validade para fins de concessão de pensão por morte, não se aplicando no âmbito civil, seja para a divisão de bens, seja para a prestação de alimentos, direito a herança ou direito real de habitação.

O direito real de habitação é o direito, garantido ao cônjuge/companheiro sobrevivente, qualquer que seja o regime de bens com que tenha se casado ou se unido ao falecido, de residir no imóvel em que morava com ele, de forma vitalícia, desde que seja ele o único daquela natureza a inventariar. Ou seja, quando um dos companheiros ou cônjuges morre, o outro terá direito a permanecer no apartamento/casa em que já vivia com o falecido, impedindo, assim, que os demais herdeiros o deixem sem moradia e desamparado.

A ausência de fixação de um prazo mínimo para a configuração da união estável tem gerado muita insegurança, até mesmo entre pessoas que vivem relacionamentos relativamente curtos, pois a lei fixa um critério extremamente subjetivo para considerar uma relação como estável.

O Superior Tribunal de Justiça (STJ) teve a oportunidade de apreciar a intrincada questão do tempo mínimo para a configuração da união estável ao julgar o recurso numa ação proposta por uma mulher que manteve um relacionamento de dois meses com o namorado, tendo com ele morado por meras duas semanas, até que o homem veio a falecer. Segundo ela, os dois já tinham marcado a data para a celebração do contrato de união estável, mas, em razão da morte, tal celebração não se efetivou.

Em seu voto, o relator do recurso, ministro Luis Felipe Salomão, disse que as normas, a doutrina e a jurisprudência vêm reconhecendo requisitos essenciais para a configuração de uma união estável, e são eles: a estabilidade, a publicidade, a continuidade da relação e o objetivo de constituir família, sendo indispensável a presença cumulativa de todos esses requisitos.

Somados a estes, há também os elementos acidentais, como o tempo de convivência, a existência de filhos, a construção patrimonial em comum, a lealdade e a coabitação, que, embora prescindíveis – como já decidiu o Supremo Tribunal Federal (STF) na Súmula n. 382 –, possibilitam que o julgador tenha mais substrato para reconhecer uma união estável.

Como a união estável é uma situação de fato, mesmo que não tenha sido assinado contrato, isso não impede que ela seja reconhecida como tal, com todos os direitos a ela inerentes.

O relator prosseguiu informando que, apesar de não haver um julgado específico tratando do tempo mínimo de convivência, o STJ já destacou ser imprescindível que haja a estabilidade da relação. No caso sob julgamento, não havia dúvidas quanto à intenção do casal de constituir família, mas a mera intenção não bastaria para concretizar a união estável.

Em função disso, por entender que não estaria presente a estabilidade e a comunhão de vida numa relação de apenas duas semanas, deu provimento ao recurso interposto pelos herdeiros do falecido, julgando improcedente o pedido de reconhecimento da união estável feito pela namorada do pai.

Esse caso, apesar de ser o primeiro julgado do STJ sobre o tempo de duração do relacionamento, não clarifica as inúmeras incertezas que ainda pairam sobre o tema, já que parece óbvio que a coabitação de apenas duas semanas não pode gerar, em nenhuma hipótese, o reconhecimento de uma união estável.

Persistem, portanto, muitas perguntas sobre o que os tribunais compreendem como "relacionamento duradouro", razão pela qual, mais adiante, citaremos julgados que abordam, mesmo que tangencialmente, essa importante questão.

# NECESSIDADE DE COABITAÇÃO

Para a configuração da união estável, não há qualquer exigência de que os conviventes morem na mesma casa, conforme entendimento já pacificado pelo Supremo Tribunal Federal (STF), que gerou a edição da Súmula n. 382, a qual assinala não ser a vida em comum sob o mesmo teto indispensável à caracterização da união estável. Conforme já foi visto, é necessária a existência de uma relação pública, contínua e duradoura, assim como a intenção inequívoca de constituir família, de ter uma vida comum, como se casados fossem, além de assistência moral, material e a comunhão de vidas para que haja uma verdadeira união estável.

Tendo em vista a desnecessidade de coabitação, é possível haver união estável mesmo quando os companheiros residem em cidades diferentes, seja por razões profissionais, seja por contingências da vida pessoal. Em recente decisão proferida pelo Tribunal de Justiça de São Paulo (TJSP), foi reconhecida a união estável de um casal, mesmo havendo duas residências distintas, conforme ementa a seguir:

> *União estável. Reconhecimento e dissolução. O reconhecimento da união estável depende de comprovação da convivência duradoura, pública e contínua, estabelecida com o objetivo de constituição familiar (art. 1.723 do Cód. Civil). Sentença de*

> *procedência. Provas documental e testemunhal que corroboram a existência da união estável. Tese de que as partes não conviviam maritalmente e mantinham mero namoro que não encontra sustentação no quociente probante. Existência de duas residências que não macula a coabitação, pois tal não configura elemento indispensável à caracterização da união estável [...]. (TJSP, Apelação Cível n. 1003543-06.2017.8.26.0161, relator: Rômolo Russo)*

Até mesmo o STJ já se posicionou nesse mesmo sentido, em decisão proferida pela 3ª Turma, ao julgar o Recurso Especial (REsp) n. 275.839-SP, quando foi dado provimento ao recurso especial, afastando a imprescindibilidade da coabitação. O relator do caso, ministro Ary Pargendler, registrou em seu voto que a Lei n. 9.278/1996 não exige a coabitação como requisito essencial para caracterizar a união estável. Segundo ele, a convivência sob o mesmo teto pode ser um dos fundamentos para demonstrar a relação comum, mas a sua ausência não afasta, de imediato, a existência da união estável.

# REGIME DE BENS

Numa relação de namoro, por não haver reflexos patrimoniais, os namorados não precisam escolher um regime de bens, mas, ao celebrar um contrato de namoro, é aconselhável que haja a estipulação de qual será o regime de bens a vigorar caso haja a transmudação do relacionamento de namoro em união estável, ou caso ele venha a ser assim reconhecido pelo poder judiciário.

Essa cautela é bastante importante, pois, se o namoro evoluir para algo mais sério, aquele regime de bens prevalecerá sobre o regime legal da comunhão parcial, que é o aplicado quando não há a escolha de outro pelo casal.

Na comunhão parcial, o patrimônio comprado durante a união se comunica (transmite-se ao cônjuge/companheiro), sendo de propriedade dos dois, independentemente de quem tenha pago pelo bem ou em nome de quem ele esteja, e serão esses bens considerados comuns, tendo cada um dos cônjuges direito a sua meação (metade dos bens) em caso de separação ou morte.

Não fazem parte do patrimônio comum do casal os bens adquiridos antes da união estável e aqueles recebidos por herança ou por doação, o que significa dizer que eles são considerados bens particulares, não entrando na divisão na hipótese de o casal vir a se separar. Também são excluídos do monte comum os bens sub-rogados, que são aqueles comprados com o dinheiro obtido pela venda de um bem particular. Por exemplo, se o cônjuge comprou, depois do casamento, um carro utilizando dinheiro que já tinha antes da união, esse carro não será um bem comum, mesmo que a compra tenha se dado após o casamento, pois foi uma substituição de um bem particular (dinheiro) por outro (carro).

No caso de morte, o sobrevivente terá direito a sua meação, obtida por meio da divisão, por dois, dos bens comuns do casal, que não constitui herança, mas mero recebimento do que já era seu, além de concorrer com os descendentes ou ascendentes do morto em relação aos bens particulares, que são aqueles que não fazem parte da comunhão.

Vamos exemplificar: João e Maria começaram a namorar, e o relacionamento foi ficando mais sério, até que ambos passaram a coabitar e dividir as despesas da casa. Quando o namoro começou, Maria tinha um carro, e durante a relação comprou uma casa, colocando-a em seu nome, uma vez que o bem foi comprado, exclusivamente, com seu dinheiro. Dois anos depois, Maria decide terminar o relacionamento, e João, inconformado, propõe uma ação no poder judiciário pedindo o reconhecimento da união estável e a partilha dos bens.

Se João conseguir comprovar que a relação era, de fato, uma união estável, será aplicado o regime da comunhão parcial de bens (regime vigente quando não se escolhe, expressamente, outro), portanto, a casa comprada exclusivamente por Maria será objeto de divisão por dois, ficando João com

50% da casa e Maria com os outros 50%. O carro de Maria, por ter sido adquirido antes do relacionamento, é considerado um bem particular, não entrando na partilha.

Vamos aproveitar o mesmo exemplo, imaginando que não houve o término do relacionamento, mas que Maria morreu, deixando sua mãe, Júlia, viva. Caso João pedisse o reconhecimento da união estável e obtivesse sucesso, os bens de Maria seriam assim partilhados:

50% da casa - João (meação)

50% da casa - Júlia (herança)

50% do carro - João (herança)

50% do carro - Júlia (herança)

A divisão ficou da forma assim descrita uma vez que o cônjuge ou companheiro sobrevivente é meeiro dos bens comprados durante a união estável e concorrerá à herança com os filhos ou os pais do falecido em relação aos seus bens particulares.

É verdade que o casal é livre para estabelecer um regime de bens diferente da comunhão parcial, como a comunhão universal de bens, a separação convencional ou voluntária de bens e a participação final nos aquestos (pouco usada no Brasil), mas até mesmo na separação de bens, em caso de óbito, o companheiro sobrevivente concorrerá à herança do falecido sobre os bens particulares deixados por ele, só não havendo direito a partilha na hipótese de o casal vir a se separar.

Por fim, é importante registrar que, nas uniões estáveis em que ao menos um dos dois tenha mais de 70 anos, a lei exige que o regime de bens seja o da separação legal ou obrigatória, quando não haverá direito a herança em caso de morte, mas poderá haver o compartilhamento do patrimônio comprado durante a união, conforme dispõe a Súmula n. 377 do Supremo Tribunal Federal (STF), que assim determina: "No regime da separação legal de bens comunicam-se os adquiridos na constância do casamento".

# NAMORO × UNIÃO ESTÁVEL

A legislação brasileira não conceitua o namoro, nem lhe atribui efeitos jurídicos, e sabemos que as relações entre os namorados podem ostentar os mais variados tipos e formatos e podem ter diferentes regras, rotinas e graus de intimidade. Sabemos, também, que nos namoros contemporâneos os casais viajam juntos, dormem juntos e, muitas vezes, moram juntos, sem que ambos se considerem companheiros, mas, tão somente, namorados.

Ocorre que a lei, talvez buscando uma liberdade maior, evitando aprisionar a união estável em definições rígidas e requisitos estáticos (como o tempo mínimo de convivência ou a moradia conjunta), acabou gerando muita insegurança e instabilidade para aqueles que querem, apenas, namorar.

Segundo o art. 1.723 do Código Civil de 2002, o reconhecimento de união estável dependerá da presença dos requisitos do relacionamento público, contínuo, duradouro e com o objetivo de constituir família. Quando a lei fala em "objetivo de constituir família", muita gente tem dúvidas sobre o alcance e o significado dessa expressão tão imprecisa, mas é preciso lembrar que o ânimo de constituir família deverá sempre ser contemporâneo à união, não podendo ser um desejo futuro, sob pena de não se ter configurada a união estável, já que é indispensável que ambos vivam, no presente, como se casados fossem.

A lei reconhece como entidade familiar a união estável entre o homem e a mulher, configurada na convivência pública, contínua e duradoura e estabelecida com o objetivo de constituição de família.

Considerando essa reflexão, parece difícil distinguir, em muitos relacionamentos, se o casal apenas namora ou se vive uma união estável, pois o desejo de constituir família não transparece facilmente para aqueles que convivem com o casal, sendo necessária a busca de elementos psíquicos e volitivos para desvendar a existência do quarto elemento.

# NAMORO QUALIFICADO

O namoro qualificado seria um estágio intermediário entre o namoro simples e a união estável, mas nele não há a intenção de constituir família. Essa expressão foi utilizada pelo ministro do Superior Tribunal de Justiça (STJ) Marco Aurélio Belizze, no julgamento do Recurso Especial (REsp) n. 1.454.643-RJ, que deu provimento ao recurso de um homem que alegava que o período de mais de dois anos de relacionamento que antecedeu o casamento entre ele e a ex-mulher teria sido de namoro, e não de união estável. Antes de se casarem, o então namorado havia adquirido um imóvel, e ela pleiteou a divisão do bem. O ex-marido perdeu a ação na primeira instância e interpôs recurso de apelação, que acabou sendo acolhido pelo voto da maioria dos desembargadores. Como o julgamento não foi unânime, a ex-mulher apresentou recurso de embargos infringentes, obtendo êxito parcial. O homem, inconformado, recorreu ao STJ.

Segundo consta dos autos, quando o casal namorava, ele aceitou uma oferta de trabalho e mudou-se para o exterior, sendo que, meses depois, em janeiro de 2004, a namorada foi estudar fora e morou com ele no mesmo imóvel. Ainda fora do Brasil, acabaram por ficar noivos (em outubro de 2004), voltando para cá em agosto de 2005, ocasião em que ele comprou, com dinheiro próprio, um apartamento para que ambos residissem. Em setembro de 2006, casaram-se sob o regime da comunhão parcial de bens, divorciando-se dois anos depois.

A ex-mulher, alegando que no período entre sua ida para o exterior e a celebração do casamento teria vivido uma união estável, requereu, além do reconhecimento da união estável, a divisão do apartamento. Tal pedido foi negado pelo relator do processo, que entendeu não ter havido verdadeira união estável, "mas sim namoro qualificado, em que, em virtude do estreitamento do relacionamento, projetaram, para o futuro – e não para o presente –, o propósito de constituir entidade familiar". De acordo com o ministro, a formação da família, em que há o "compartilhamento de vidas, com irrestrito apoio moral e material", tem de ser concretizada, não apenas planejada por ambos, para que se configure a união estável. Escreveu ainda o ministro:

> *Tampouco a coabitação, por si, evidencia a constituição de uma união estável (ainda que possa vir a constituir, no mais das vezes, um relevante indício), especialmente se considerada a particularidade dos autos, em que as partes, por contingências e interesses particulares (ele, a trabalho; ela, pelo estudo) foram, em momentos distintos, para o exterior, e, como namorados que eram, não hesitaram em residir conjuntamente. Este comportamento, é certo, revela-se absolutamente usual nos tempos*

*atuais, impondo-se ao Direito, longe das críticas e dos estigmas, adequar-se à realidade social.*

Mais recentemente, em outubro de 2019, o Tribunal de Justiça de Santa Catarina (TJSC) não reconheceu como união estável a relação mantida entre um casal por dez anos (Apelação Cível n. 0309612-26.2017.8.24.0008). Para o juiz de primeira instância e também para a segunda instância, o casal não tinha o objetivo de constituir família, havendo apenas um namoro qualificado. Por esse motivo, os magistrados julgaram improcedentes os pleitos de reconhecimento e dissolução de união estável e, por conseguinte, da respectiva partilha de bens entre o casal.

Quem buscou o reconhecimento da união estável foi a mulher, que sustentou que ambos haviam tido um relacionamento no período de junho de 2006 a janeiro de 2016, durante o qual moraram juntos, planejaram ter um filho e mantiveram vida social intensa, além de partilharem senhas pessoais.

Visando comprovar suas alegações, ela anexou aos autos fotos tiradas das redes sociais em que os dois aparecem lado a lado em eventos e viagens, além de um convite de casamento, datado de 2009, endereçado ao companheiro "e esposa", informando que construíram patrimônio mediante esforço comum, razão pela qual ele deveria ser dividido. Além dos pedidos mencionados, a mulher ainda requereu uma indenização por dano moral pelo fato de o homem ter encerrado a relação por meio do WhatsApp.

O homem negou a existência de uma união estável, apesar de ter reconhecido o namoro, durante o qual ambos mantiveram sua individualidade e não havia a comunhão de vidas, até porque, segundo ele afirmou, sua ex-namorada sabia do seu desinteresse em constituir nova família depois do término do casamento que manteve por dezesseis anos, além de ter afirmado "incontáveis vezes durante o namoro" que nunca viveriam sob o mesmo teto e informado que sempre corrigiu as pessoas que se referiam à sua ex-namorada como sua esposa. Afirmou, também, que a autora nunca residiu em sua casa, e que sempre que passava a noite ou o final de semana levava seus itens pessoais – como escova de dentes – em uma bolsa.

Foi apresentada a prova testemunhal da diarista que trabalhou na residência do homem no período em que as partes supostamente teriam coabitado. Esta afirmou que, durante os sete anos em que lá trabalhou, seu patrão sempre morou sozinho.

Diante de todas as provas produzidas pelo homem, foi julgado improcedente o pedido da mulher, não apenas em relação ao reconhecimento da união estável com partilha de bens, mas também quanto ao pedido de indenização pela ruptura do relacionamento por meio de aplicativo de mensagens, pois o meio escolhido para o rompimento não configuraria fato excepcional, tampouco grave ou ilícito, não caracterizando, portanto, o dever de indenizar.

Conclui-se, portanto, que, como a união estável, o namoro qualificado é uma relação pública, contínua e duradoura, sendo a intenção de constituir família o elemento diferenciador entre ambas as relações, pois enquanto na união estável a família já está constituída, no namoro qualificado, se houver alguma intenção de constituição de família, ela é projetada para o futuro, mediante o planejamento de formação de um núcleo familiar, o qual poderá ou não se concretizar.

Apesar dessa diferença tênue entre ambos, eles são juridicamente bastante distintos, já que, quando um namoro chega ao fim, não há, em regra, direito a nada, enquanto ao fim de uma união estável, pela separação ou pela morte, poderá haver direito a alimentos, divisão de bens e, até mesmo, direito a herança.

# DIFERENÇA ENTRE NAMORO E UNIÃO ESTÁVEL NA VISÃO DOS TRIBUNAIS

Com o objetivo de demonstrar quais são os elementos que vêm sendo considerados pelos tribunais como aptos a diferenciar um namoro de uma união estável, citaremos o julgado proferido pelo Tribunal de Justiça do Rio Grande do Sul (TJRS), nos Embargos Infringentes (EI) n. 70008361990, no ano de 2004, que desconsiderou a existência de uma união estável entre um casal que estava junto havia oito anos, sob o argumento de que eles não chegaram a constituir família. Os EIs foram propostos por uma professora que pedia o reconhecimento da união estável e a partilha dos bens adquiridos durante a convivência.

O casal, ao longo da relação, manteve vidas próprias e independentes, viajando juntos, participando de festas e vida social com amigos. A mulher fazia compras para a residência do réu, pagas por ele, levando o carro dele para lavar e usando sua licença-prêmio para auxiliar o namorado no momento de doença. Apesar de tudo isso, o relacionamento, segundo o tribunal, nunca objetivou constituir família, razão pela qual não houve o reconhecimento da união estável.

Em outro julgamento, realizado em 2015 pela 4ª Câmara de Direito Privado do Tribunal de Justiça de São Paulo (TJSP), na Apelação n. 0014396.19.2013, cujo objeto era saber se o relacionamento findo de um casal era de namoro ou de união estável, foi decidido que se a mulher não possuía a chave da casa do homem, não deixando lá nenhum objeto pessoal, este seria um sinal de que o parceiro não confiava suficientemente nela e não tinha a intenção de constituir família.

Na ação, proposta pela mulher após a morte do "namorado", ela pretendia o reconhecimento de que o casal vivia em união estável e, na condição de companheira, requeria a sua parte na herança. Os herdeiros do homem sustentaram que o relacionamento do casal era de namoro, que esse namoro sofreu interrupções e que o casal estava separado quando houve o falecimento do homem.

Houve o reconhecimento de que o falecido, efetivamente, ajudava financeiramente a autora da ação, mas foi constatado que ele agia da mesma forma com diversas pessoas, tendo sido juntada a declaração de Imposto de Renda do morto, com a informação de que sua antiga namorada lhe devia dinheiro.

O relator do caso entendeu que o ex-namorado "não tomou qualquer atitude para tornar definitiva essa relação amorosa", concluindo que a mulher manteve "simples namoro com o falecido".

Em outro julgamento, realizado pelo Tribunal de Justiça do Rio Grande do Norte (TJRN), em 2016, o *status* de "casado" no Facebook ajudou uma mulher a comprovar sua união estável.

Ela recorreu à Justiça estadual para reconhecer a união estável com o companheiro, que faleceu em 2 de junho de 2013 num acidente de moto. A mãe do falecido contestou o relacionamento, alegando que eles viviam "um relacionamento amoroso sem o intuito de constituição familiar".

As provas do relacionamento do casal foram obtidas por intermédio de testemunhas e por um termo de rescisão contratual de trabalho, no qual constou que o casal vivia numa união estável. Ao conjunto de provas, entretanto, foram somadas publicações no perfil do Facebook do falecido, em que ele se identificava como casado, juntando fotos que tornavam pública a relação dos dois.

Além das provas contidas em perfil de rede social, as testemunhas afirmaram que o falecido apresentava a mulher como "esposa", e que o casal residiu em endereços situados em Parnamirim e no bairro Planalto, na capital, Natal. As provas juntadas ao processo atestaram que os dois namoraram por três anos e moraram sob o mesmo teto por cinco anos.

Em outro julgamento realizado em 2018, o Superior Tribunal de Justiça (STJ) decidiu que não é uma gravação na aliança que prova a data de início de uma união estável. A questão, levada ao tribunal no Recurso Especial (REsp) n. 1.678.437-RJ, se referia ao processo de dissolução de uma união estável em que o homem e a mulher divergiam sobre o seu momento inicial. A relatora do feito afastou a data gravada na aliança do casal, por considerar que houve um lapso temporal após a data gravada na aliança durante o qual ainda inexistia o

O namoro qualificado seria um estágio intermediário entre o namoro simples e a união estável, no qual não há a intenção de constituir família.

reconhecimento social da relação como marido e mulher, bem como a intenção de constituir família, inclusive porque a mulher ainda estava terminando um casamento anterior.

Em maio de 2019, o TJRS teve a oportunidade de analisar a Apelação Cível n. 70079824918, na qual uma mulher que viveu oito meses com um companheiro, após o fim da relação, ajuizou ação declaratória de reconhecimento e de dissolução de união estável, cumulada com danos morais.

A sentença de primeiro grau deu parcial procedência à ação, para reconhecer e dissolver a união, e ainda determinou a partilha de um automóvel, adquirido no tempo em que o casal estava junto. Foi interposto recurso de apelação, sob a alegação de que o relacionamento não teria preenchido os pressupostos legais que caracterizam a união estável, já que os períodos do namoro foram intercalados por longos períodos de afastamento e que ele arcou sozinho com as prestações do veículo.

O relator do recurso disse que não foram identificadas as características de uma união estável, pois o "arranjo" conjugal, pelo seu curto tempo, não atenderia aos pressupostos de durabilidade, estabilidade e seriedade inerentes ao objetivo de constituir família.

O relator entendeu que o período de oito meses é muito curto para que se tenha uma relação como estável e considerou que a mulher não havia conseguido comprovar sua contribuição para a compra do automóvel, tampouco o interesse mútuo em constituir uma família, o que se comprovou pela não inclusão do outro como dependente de plano de saúde, nem pela habilitação em clubes e associações, julgando, por fim, improcedente a demanda da mulher.

Mais recentemente, em julho de 2020, o TJRS decidiu, na Apelação Cível n. 70082890690, que mensagens nas redes sociais, e-mails e bilhetes manuscritos que denotam afetividade, fidelidade e, principalmente, compromisso de vida em comum constituem prova de união estável, pois elas revelam que o casal não apenas namorava, mas construiu uma vida como se fosse para sempre.

Esse julgamento foi proferido em ação proposta por Maico A. A., que pedia o reconhecimento da união estável com Ângela Janaína F. A ação foi julgada procedente para reconhecer a união estável no período compreendido entre outubro de 2004 e outubro de 2007 e declarar o direito do homem à metade do imóvel adquirido, apenas em nome da mulher, durante o relacionamento, condenando-a a pagar a ele a metade do produto da venda desse imóvel, com acréscimo de correção monetária e juros moratórios.

A mulher recorreu da decisão alegando que o relacionamento não passava de um simples namoro e que não estariam presentes os requisitos caracterizadores da união estável, destacando que as partes coabitaram apenas por conveniência e economia, e que, em relação ao imóvel, ela o teria adquirido sozinha.

O relator do processo, desembargador Rui Portanova, para endossar o grau de relacionamento do casal durante o tempo que viveram sob o mesmo teto, mencionou quatro bilhetes manuscritos pela mulher com os seguintes dizeres:

> *Oi meu amor, hoje fazem 2 anos e 2 meses que estamos juntos, é muito tempo isso... Lembra quando fizemos 2 meses de namoro? Eu enchi o seu quarto de coração vermelho... Nossa, eu estava gostando mesmo de você p/ ter coragem de fazer isso. Hoje eu não gosto mais de você, hoje eu te amo demais e sou louca por você... Quero que esse amor dure para sempre, que a gente continue se entendo como agora, que continuamos sendo amigos, amantes, namorados, marido, mulher e etc... Nunca se esqueça que você é meu melhor amigo e confio muito em você e quero que você sinta o mesmo por mim. Te amo. Meu nenêm p/ sempre.*[1]

Em outro bilhete, manuscrito e não datado, o texto segue o mesmo rumo:

> *Maico, Você é quem está sempre ao meu lado, é quem me tira do sufoco, é quem me faz rir, é quem me diz que sou chorona, é quem me faz feliz, você é quem me diz que é hora de parar e pensar, você é meus pés no chão, você é quem me diz TE AMO*

1 Os bilhetes foram aqui reproduzidos em sua forma original, isto é, sem correção ortográfica ou gramatical.

> *ao dormir e me acorda dizendo que estou atrasada, você é meu apoio, meu chato, meu neném, meu gostoso, meu homem, meu marido, meu Amor. Te amo. Feliz aniversário. Janaína.*

Segundo o relator, tais bilhetes demonstrariam o acerto da sentença de que:

> *os documentos juntados pelo autor às fls. 74/81 debelariam qualquer dúvida acerca da natureza da relação havida entre os litigantes, pois neles é descortinada a vida íntima do casal, em que a parte ré, por diversas vezes, refere-se ao autor como sendo seu marido, e a ela própria como sendo sua mulher.*

Depois de ultrapassada a dúvida sobre se a relação era de namoro ou união estável, o tribunal passou a analisar a questão patrimonial. Segundo o relator, a mulher reconheceu o direito de partilha em favor do ex-companheiro quando, durante a união, por exemplo, o homem informou que a inquilina havia reclamado das instalações elétricas e que seria necessário conserto; ela lhe perguntou se poderia fazer o orçamento, ao que ele respondeu que tomaria as providências nesse sentido e depois lhe comunicaria o desfecho.

Ainda na mesma conversa, ele informa a ela que a inquilina vai sair do apartamento, que está procurando outro lugar para morar, em razão de terem posto o imóvel à venda. Na mesma sequência, conversam sobre a possibilidade de Maico adquirir a parte de Ângela no imóvel, financiando apenas a metade, o que demonstra que ela reconhecia, até então, que o autor tinha direito à meação do bem.

Dados esses fatos, o tribunal informou que, embora reconheça o instituto do "namoro qualificado", naquele caso ficou muito bem provado que as partes viveram efetiva relação de família, no molde descrito na hipótese de incidência da união estável.

Por fim, em agosto de 2020, o TJSP, segundo vastamente noticiado pela imprensa, negou o pedido da atriz e modelo Luiza Brunet de ter reconhecido como união estável o relacionamento que mantinha com o empresário Lirio Parisotto, indeferindo, por consequência, a partilha dos bens comprados durante a relação.

A decisão foi proferida por unanimidade pela 5ª Câmara de Direito Privado, tendo os desembargadores considerado que não houve união estável, mas um "namoro maduro". O casal se relacionou entre os anos de 2012 e 2015, e a autora já havia obtido uma sentença desfavorável na primeira instância.

A modelo argumentava que, durante os quatro anos do relacionamento, que teve idas e vindas, teria vivido não um namoro, mas uma união estável, mas a defesa do réu alegou que na própria biografia autorizada dela o relacionamento era apresentado como um namoro.

# PROVAS DE UMA UNIÃO ESTÁVEL

Como já se sabe, a união estável não precisa de nenhuma formalização para se iniciar ou para se encerrar; por isso, as pessoas que buscam demonstrar judicialmente que viveram um relacionamento de união estável e não de namoro se valem do depoimento de testemunhas e da juntada dos documentos a seguir, citados a título meramente exemplificativo:

1. prova da coabitação;
2. certidão de nascimento de filho comum;
3. fotografias do casal;
4. perfis em redes sociais;
5. participação no "grupo da família" do WhatsApp;
6. prova da dependência econômica;
7. conteúdo de troca de mensagens pelo celular;
8. e-mails, bilhetes e cartas manuscritas;
9. prova de comunhão nos atos do dia a dia;
10. contas no mesmo endereço;
11. comprovação de que haja dependência no imposto de renda;
12. testamento com destinação de legado ou herança ao interessado;

Apesar de o contrato de namoro ter ficado conhecido com esse nome, o que os namorados fazem é uma declaração de que são apenas namorados, não tendo a intenção de constituir família.

13. escritura de compra e venda, em que constem os interessados como proprietários, ou contrato de locação de imóvel em que figurem como locatários;
14. procuração reciprocamente outorgada;
15. contas bancárias conjuntas;
16. título de clube em que o interessado seja dependente;
17. apólice de seguro em que o interessado seja listado como beneficiário;
18. contrato de estabelecimento de ensino, frequentado pelo interessado, em que o suposto companheiro figure como responsável financeiro.

# CONTRATO DE NAMORO

Apesar de o contrato de namoro ter ficado conhecido com esse nome, na verdade, o que os namorados fazem não é propriamente um contrato, mas uma declaração, já que contrato representa um acordo de vontades entre duas ou mais pessoas com a intenção de criar, modificar ou extinguir direitos e obrigações.

O que verdadeiramente se objetiva, por meio dessa declaração, é definir, de forma absolutamente clara, que a relação do casal é apenas de namoro e que não há a intenção de os namorados constituírem família.

Em geral, a união estável só é reconhecida judicialmente quando o relacionamento termina. Caso isso ocorra, o regime de bens a reger aquela relação será o da comunhão parcial, já que, por se considerarem meros namorados, o casal não terá escolhido regime diverso. Visando prevenir esse tipo de situação, muitos advogados têm incluído nos contratos de namoro a previsão de que, caso fique configurada a união estável, o regime de bens adotado pelo casal será o da separação total, quando, na hipótese de dissolução do relacionamento, cada um sairá, exclusivamente, com seu patrimônio particular.

A procura por esses contratos é absolutamente compreensível, já que os namoros contemporâneos, como vimos, são bastante complexos, podendo vir a ser confundidos com uniões estáveis, com os consequentes reflexos jurídicos desse reconhecimento, como a partilha do patrimônio comprado durante a relação, direito a pensão alimentícia, em certas condições, e direito a herança, em caso de morte.

Considerando a pouca diferenciação prática e a enorme diferenciação jurídica entre os namoros e as uniões estáveis, os namorados vêm buscando essa proteção, sobretudo aqueles que têm relacionamentos públicos, contínuos e duradouros. Sabemos, entretanto, que a vida é dinâmica, e as relações muitas vezes evoluem para algo mais sério. Portanto, mesmo que no momento da assinatura do documento o casal apenas namore, esse contrato não terá o poder de "proteger" seus signatários se a relação tiver se modificado, passando a se constituir em uma verdadeira união estável, pois preponderará sempre a realidade, independentemente do que foi assinado.

Diante dessa possível evolução das relações, alguns advogados, como já dissemos, orientam seus clientes a assinarem contratos anualmente. Há casais que, inclusive, filmam o momento da assinatura do contrato, para que fique claro que eles o celebraram de forma voluntária e consciente, sem qualquer espécie de coação ou engano.

Visando atribuir maior segurança e credibilidade à declaração, é aconselhável que os contratos de namoro sejam celebrados por escritura pública, nos cartórios de notas, e que o casal busque sempre o auxílio de um advogado com experiência na área.

Há muitos doutrinadores que consideram o contrato de namoro, por ser mera declaração de existência de uma relação afetiva, um indiferente jurídico, sendo esse contrato inexistente e incapaz de produzir qualquer efeito. O desembargador Luiz Felipe Brasil Santos, ao julgar a Apelação Cível n. 70006235287, alertou para o fato de a Justiça "casar de ofício" quem não o fez por vontade própria e criticou os contratos de namoro:

> *Esses abortos jurídicos que andam surgindo por aí, que são nada mais que o receio de que um namoro espontâneo, simples e singelo, resultante de um afeto puro, acaba se transformando em uma união com todos os efeitos patrimoniais indesejados ao início.*

O doutrinador Sílvio de Salvo Venosa (2011) também não é favorável a eles, afirmando que esses contratos seriam uma tentativa de invalidar a previsão legal acerca da união estável, regulando o amor e protegendo o patrimônio do partícipe que o tem em detrimento daquele que não o tem, com nítida ofensa aos princípios da dignidade humana e do direito de família.

Helder Martinez Dal Col (2005), por sua vez, defende a validade relativa desses contratos, dizendo que a vontade manifestada pelas partes deve ser respeitada se ambos os contratantes insistirem na ausência de qualquer vínculo, senão o de simples namoro, conforme pactuaram.

O jurista Zeno Veloso (2016), ao falar sobre os contratos de namoro, informa que essa avença é uma declaração bilateral em que pessoas maiores, capazes, de boa-fé, com liberdade, sem pressões, coações ou induzimento, confessam que estão envolvidas num relacionamento amoroso, e que se limita unicamente a isto, sem nenhuma intenção de constituir família, sem o objetivo de estabelecer uma comunhão de vida, sem a finalidade de criar uma entidade familiar, e esse namoro, por si só, não tem qualquer efeito de ordem patrimonial.

Em matéria publicada em 2009 no jornal *O Liberal*, o mesmo jurista informa que, em sua edição n. 2102, a revista *Veja* publicou uma reportagem, denominada "Assim eu assino", em que aborda um dos mais modernos e controvertidos temas de Direito de Família, que é a possibilidade de as pessoas que mantêm um relacionamento afetivo, a fim de evitar futuras questões ligadas ao patrimônio, à herança ou a alimentos, celebrarem um contrato deixando bem claro e explícito que seu envolvimento amoroso não tem o objetivo de constituição de família, não se configurando, portanto, em união estável. Em suma: só querem "ficar", namorar.

Segundo o autor, se os parceiros estão apenas namorando, embora um namoro de pessoas adultas, com aspectos próprios da modernidade, como o fato de um passar dias e noites na casa do outro, e vice-versa, de frequentarem bares, restaurantes, festas, de viajarem juntos, hospedando-se no mesmo hotel etc., quem vê de fora, e considerando aquela convivência, que é pública, contínua, duradoura, pode concluir que está diante de uma união estável. E não é o caso, pois, apesar da aparência, falta àquele relacionamento um requisito capital, essencial: o compromisso, o objetivo, a vontade de constituir uma família. Não se trata de uma união estável, mas de namoro prolongado.

Prossegue dizendo:

> *Tenho defendido a possibilidade de ser celebrado entre os interessados um "contrato de namoro", ou seja, um documento escrito em que o homem e a mulher atestam que estão tendo um envolvimento amoroso, um relacionamento afetivo, mas que se esgota nisso, não havendo interesse ou vontade de constituir uma entidade familiar, com as graves consequências pessoais e patrimoniais desta. (VELOSO, 2009)*

Por fim, informa:

> *Semana passada, de Brasília, telefonou-me o jovem professor e jurista Pablo Malheiros, dizendo que havia lido alguns autores, inclusive colegas nossos, do IBDFAM [Instituto Brasileiro de Direito de Família] (como Maria Berenice), que não admitem a legalidade do chamado contrato de namoro. E eu respondi ao amigo Pablo que persevero no meu antigo entendimento: nada na lei veda que os*

> *interessados celebrem tal contrato. E mais: em muitos casos ele pode ser de enorme utilidade, evitando delicadas questões futuras. (VELOSO, 2009)*

Tendo em vista que a celebração de contratos de namoro é algo ainda recente na realidade brasileira, não há jurisprudência consolidada sobre o tema, mas já existem julgados entendendo que, desde que comprovado, por outros meios, que o relacionamento era apenas de namoro, esses contratos podem reforçar a prova, evitando o reconhecimento de uma união estável.

Esse foi o caso de um julgamento realizado pelo Tribunal de Justiça de São Paulo (TJSP), no qual este entendeu que a prova dos autos não teve o poder de anular o "pacto concubinário" em que as partes declararam, de forma expressa e livre, sem aparente coação, não ter a intenção de constituir família.

> *UNIÃO ESTÁVEL - Convivência que pressupõe vida comum - Caracterização que exige certos requisitos, bem delineados pela doutrina - Necessidade da existência da posse de estado de casado, consistente de relacionamento público, notório, duradouro, que configure um núcleo familiar - Artigo 1.723 do novo Código Civil - Exigência de vida em comum, more uxório, não necessariamente sob o mesmo teto, mas com sinais claros e induvidosos de que aquele relacionamento é uma*

Ao celebrar um contrato de namoro, é aconselhável que haja a estipulação de qual será o regime a vigorar caso o relacionamento evolua para uma união estável ou seja assim reconhecido pelo poder judiciário.

> *família, cercada de afeto e de uso comum do patrimônio* – Existência de pacto concubinário, onde as partes declararam expressamente não ter intenção de estabelecer uma entidade familiar – Inexistência de provas concludentes que infirmem tal declaração, ou indicativas de vício de consentimento – *Situação que se aproxima de namoro qualificado, sem o propósito de constituir família – Ação improcedente – Recurso não provido. (TJSP, Ação Cível n. 5881894500, grifos meus)*

Em outro julgado proferido pelo TJSP (Apelação Cível n. 9103963-90.2008.8.26.0000), as partes também haviam celebrado um contrato de namoro, e, considerando outras provas dos autos, foi possível afastar a aplicação do regime de comunhão parcial, nos seguintes termos:

> *Verifica-se que os litigantes convencionaram um verdadeiro contrato de namoro, celebrado em janeiro de 2005, cujo objeto e cláusulas não revelam ânimo de constituir família [...] A defesa da autora alegou em seu recurso que a relação, de quatro anos, acabou por causa do temperamento agressivo do ex-namorado. Argumentou que eles têm um filho, além de citar as provas, como fotos do casal e do relacionamento ser de conhecimento público. Logo, a autora teria direito à partilha de*

> *bens e fixação de alimentos [...] Pesou na decisão do desembargador o fato deles só terem vivido juntos durante 6 meses. No mais, viviam em casas separadas, como ficou provado, só vivendo juntos durante os finais de semana. O desembargador também entendeu que a autora não dependia economicamente do ex-namorado, pois já trabalhou anteriormente, mostrando ser apta ao trabalho e por fim, utilizou-se do contrato de namoro como meio de prova [...].*

A verdade é que, apesar de o contrato de namoro parecer desarrazoado para muitos, há um número expressivo de pessoas que o veem como único meio de reduzir as chances de que um namoro contemporâneo, sobretudo entre pessoas mais velhas, seja confundido com uma união estável. É importante registrar também que, em caso de morte de um dos "namorados", na hipótese de haver o pedido de reconhecimento de união estável contra os herdeiros do falecido, sempre será possível apresentar em juízo o contrato de namoro como prova do desejo do morto de não constituir família.

A insegurança provocada por essa legislação extremamente vaga e subjetiva, somada à dinâmica dos namoros da atualidade, torna urgente a busca por instrumentos que permitam que as pessoas apenas namorem, sem que esses relacionamentos possam vir a se transformar em fonte de divisão de bens, pensão alimentícia ou, até mesmo, de direito a herança.

Ronner Botelho Soares (2018), em artigo no qual analisa as novas perspectivas para o direito de família brasileiro, cita o julgado do Superior Tribunal de Justiça (STJ) no Recurso Especial (REsp) n. 1107192/PR, que assim dispõe: "Os arranjos familiares concernentes à intimidade e à vida privada do casal não devem ser esquadrinhados pelo direito, em hipóteses não contempladas pelas exceções legais, o que violaria direitos fundamentais enfeixados no art. 5º, inc. X, da CF/88".

Não se pode olvidar que há pessoas que se valem desses contratos de namoro para burlar verdadeiras uniões estáveis, mas essa fraude sempre poderá ser alegada e comprovada em juízo, devendo, segundo aqueles que advogam pela validade desses contratos, ser presumida a veracidade do seu conteúdo, assim como a boa-fé dos signatários, salvo se alegado (e provado) eventual vício de consentimento de quem o assinou.

Do mesmo modo que um contrato de namoro não pode garantir que a relação era, de fato, um namoro, a simples existência de escritura pública de declaração de união estável também é insuficiente para provar que a relação era, efetivamente, uma união estável.

Para ilustrar o que foi dito, vale citar julgamento proferido pela 8ª Câmara Cível do Tribunal de Justiça do Rio Grande do Sul (TJRS) em ação de dissolução de união estável proposta por LW contra LCT (o nome das partes foi protegido em razão do segredo de justiça). O autor da ação declarou ter firmado escritura pública de união estável, mas que, posteriormente, a mulher abandonou o lar, necessitando ele, assim, da dissolução de união estável, já que estaria vivendo um novo relacionamento, com planos de se casar, mas que "teme que a escritura pública firmada com antiga esposa lhe cause ainda mais problemas, tanto na esfera cível como na criminal". Afirmou, também, que não estava pleiteando o reconhecimento da união estável, que no seu entender já estaria demonstrada pela escritura pública, mas apenas sua dissolução, pois não poderia aguardar eternamente o reaparecimento da sua "ex-esposa".

A ação foi julgada improcedente pelo juiz de primeira instância. Foi apresentada apelação, e o relator do recurso entendeu que a decisão do juiz não deveria ser reformada, porque o reconhecimento da união estável dependeria da demonstração de seus elementos caracterizadores essenciais, quais sejam, a publicidade, a continuidade, a estabilidade e o objetivo de constituição de família, mas as provas dos autos do processo não comprovaram que o relacionamento dos dois seria uma união estável, já que ela teria perdurado por curtíssimo período, apenas seis meses, o que, por si só, demonstraria o desatendimento aos pressupostos de durabilidade, estabilidade e seriedade inerentes ao objetivo de constituir família.

Ao fim de seu voto, o relator afirmou que, embora as partes tivessem firmado em 6 de junho de 2014 escritura pública declarando que viviam em união estável desde 3 de fevereiro de 2014, isso não teria o poder, por si só, de levar ao reconhecimento de que a relação seria, de fato, uma união estável.

# CLÁUSULAS DE UM CONTRATO DE NAMORO

Os contratos de namoro devem, preferencialmente, ser elaborados por um advogado e celebrados mediante escritura pública, podendo optar o casal pela escritura pública de declaração e renúncia, em que os namorados declaram que, apesar de estarem namorando há determinado número de anos, não têm intenção de constituir família, nem compartilhar patrimônio, muito menos criar vínculo familiar ou sucessório.

É possível que o casal coloque uma cláusula informando que na hipótese de o relacionamento vir a evoluir para uma união estável, a relação será regida pelo regime da separação total de bens (ou qualquer outro regime de preferência dos namorados).

Há casais que fixam o prazo de vigência do contrato por apenas doze meses, devendo ele ser repactuado todos os anos, para que fique evidenciado que, apesar do tempo, a relação permanece sendo de namoro.

Alguns namorados incluem cláusula declarando que os namorados residem separadamente, mas isso não impede que possam permanecer por algum tempo na residência um do outro, ressaltando que isso não se configura em intenção de constituir família ou viver em união estável.

Na comunhão parcial de bens, todos os bens comprados durante o relacionamento deverão ser divididos entre os dois, independentemente de quem os tenha comprado.

O casal pode declarar que ambos renunciam expressa e retroativamente, desde o início do namoro, a todos e quaisquer direitos sobre bens móveis ou imóveis adquiridos pelas partes e, em caso de término do namoro, declaram ser independentes financeiramente, não necessitando de assistência material para subsistência própria a título de alimentos, nem indenização a nenhum título.

No que se refere ao direito a sucessão, os namorados assinalam que concordam que os bens adquiridos por cada um dos signatários constituem patrimônio exclusivamente pessoal e que, em caso de falecimento, esses bens deverão ser distribuídos aos seus respectivos herdeiros, à época da sucessão.

Por fim, os namorados podem reiterar que não pretendem formar núcleo familiar um com o outro, declarando, por exemplo, que sua família é composta apenas por cada um deles e seus respectivos filhos.

Feitas essas declarações, os signatários informam a veracidade das afirmações e declaram que as avenças visam preservar a autonomia da vontade de ambos de não constituir família. O casal se responsabiliza civil e criminalmente pela veracidade das informações e assina o contrato.

# CONCLUSÃO

Conforme foi dito ao longo da presente obra, ainda não há jurisprudência consolidada sobre os contratos de namoro e nem mesmo os doutrinadores convergem a respeito, havendo quem os aceite como expressão da autodeterminação e autonomia da vontade das partes e quem entenda que esses contratos não podem impedir a incidência das leis que disciplinam a união estável.

O requisito fundamental para a validade de todos os contratos é que haja o consentimento recíproco das partes e a declaração seja manifestada de forma livre e espontânea, sem vícios como erro, dolo, coação ou qualquer espécie de fraude, requisitos que devem também, portanto, ser observados nos contratos de namoro.

Apesar da falta de unanimidade acerca da validade dessas declarações, vem ganhando força a teoria de que as pessoas maiores e capazes devem ter o poder de decidir qual é o *status* de seus relacionamentos amorosos, sem que isso seja feito por um terceiro. Parece óbvio, também, que se os namorados livremente assinaram um contrato de namoro, essa declaração deverá ser levada em consideração no arcabouço probatório caso haja um litígio judicial.

Ademais, é bom não perder de vista como importante elemento de prova que, se os namorados, especialmente aqueles que estão juntos há muitos anos, em vez de se casarem ou de celebrarem um contrato de união estável, decidiram fazer um contrato de namoro, isso não pode ser ignorado pela lei e pelo poder judiciário.

É importante registrar que não há nada na lei que impeça a celebração de contratos de namoro, desde que suas cláusulas não violem normas de ordem pública e a declaração reflita a verdade, aconselhando-se que os namorados procurem um profissional com experiência na área, para que o contrato seja elaborado de forma clara, objetiva e dentro das regras do direito, evitando-se problemas posteriores.

# PERGUNTAS E RESPOSTAS

**1. Qual é o objetivo dos contratos de namoro?**

Apesar de o contrato de namoro ter ficado conhecido com esse nome, ele não é propriamente um contrato, mas uma declaração em que se registra, de forma clara, que a relação do casal é apenas de namoro, e não de união estável, não havendo intenção de constituir família. Há namorados que deixam registrado, também, qual o regime de bens a reger a relação, na hipótese de o namoro evoluir para uma união estável ou vir a ser assim reconhecido pelo poder judiciário.

**2. Por que esses contratos têm se disseminado nos últimos tempos?**

A principal razão para essa disseminação é o fato de haver bastante semelhança entre os namoros contemporâneos e as uniões estáveis, pois, com a evolução dos costumes e o aumento da liberdade sexual, muitos casais passaram a dormir juntos, dividir contas e, até mesmo, morar debaixo do mesmo teto, o que vem tornando bastante difícil a tarefa de distinguir meros namorados de companheiros.

**3. Qual é a diferença entre namoro e união estável?**

O namoro é uma relação afetiva entre duas pessoas, sem que isso se constitua em entidade familiar, não produzindo, por si só, consequências jurídicas, como direitos de ordem patrimonial na separação ou na morte, enquanto a união estável é considerada pela Constituição Federal como uma entidade familiar, havendo direito a divisão de patrimônio em caso de separação dos companheiros (salvo se eles tiverem feito contrato pactuando coisa diversa), direito a pensão alimentícia (desde que presentes algumas condições) e direito a herança, já que o Supremo Tribunal Federal (STF) equiparou os companheiros aos cônjuges, para efeitos de herança.

**4. Quais são os requisitos para que uma relação seja considerada como união estável?**

A lei civil fixa como requisitos da união estável que a convivência seja pública, contínua, duradoura e estabelecida com o objetivo de constituir família.

**5. Qual é a diferença entre união estável e concubinato?**

A lei chama de concubinato o relacionamento afetivo entre pessoas impedidas de se casar, e de união estável a convivência pública, contínua, duradoura e estabelecida com o objetivo de constituir família entre pessoas sem impedimento para o casamento.

**6. A lei exige que um casal tenha filhos comuns para considerar um relacionamento como união estável?**

Não, a lei não considera que filhos comuns sejam requisito para o reconhecimento de uma união estável. A lei se refere apenas ao "objetivo de constituir família". Parece claro que uma prole comum se configura em importante elemento na análise das provas de uma união estável, mas esse fato, isoladamente, não induz essa certeza, assim como a ausência de filhos comuns não significa, por si só, que o casal não viva em união estável.

**7. É possível haver o reconhecimento de união estável sem que o casal tenha feito um contrato escrito de união estável?**

Sim, é possível. Tendo em vista que a união estável começa quando os conviventes passam a ter um relacionamento público, contínuo, duradouro e objetivando a constituição de uma família, ele é uma situação de fato, que gerará direitos, independentemente de haver contrato escrito.

O contrato escrito, entretanto, é muito aconselhável, pois muitas vezes a relação vai se desenrolando sem que seja possível aferir quando o namoro virou união estável. Essa formalização, por fixar a data a partir da qual ela se inicia, dá mais segurança aos conviventes e aos terceiros que com eles contratam.

A formalização da união estável também auxilia na escolha do regime de bens, já que, na hipótese de não haver contrato escrito, ou de nele não haver nenhuma menção ao regime de bens, será adotado como padrão o regime da comunhão parcial de bens.

**8. Como se dá a divisão de bens em caso de separação do casal e obtenção, por um deles, do reconhecimento da união estável?**

Numa relação de namoro, por não haver reflexos patrimoniais, os namorados não precisam escolher um regime de bens, mas ao celebrar um contrato de namoro é aconselhável que haja a estipulação de qual será o regime de bens a vigorar caso haja a transmudação do relacionamento de namoro em união estável, ou caso ele venha a ser assim reconhecido pelo poder judiciário.

Essa cautela é bastante importante, pois, se o namoro evoluir para algo mais sério, aquele regime de bens prevalecerá sobre o regime legal da comunhão parcial, que é o aplicado quando não há a escolha de outro pelo casal.

Na comunhão parcial, o patrimônio comprado durante a união será de propriedade dos dois, independentemente de quem tenha pago por ele ou em nome de quem ele esteja, excluindo-se os bens adquiridos antes da união estável e aqueles recebidos por herança ou por doação.

**9. Pode um dos "namorados", após a morte do outro, pedir o reconhecimento da união estável e o seu direito a herança?**

No caso de um dos dois vir a falecer durante o relacionamento, o sobrevivente poderá ingressar no poder judiciário para pedir o reconhecimento da união estável e seu direito de herdeiro.

**10. A lei e os tribunais exigem que o casal more debaixo do mesmo teto para considerar que o relacionamento é de união estável, e não de namoro?**

Para a configuração da união estável, não há a exigência de que os conviventes morem na mesma casa, conforme entendimento já pacificado pelo STF.

**11. Às uniões homoafetivas se aplicam as mesmas regras das relações heteroafetivas, para efeito de reconhecimento de uniões estáveis?**

Sim, as uniões homoafetivas, da mesma forma que as heteroafetivas, são consideradas uniões estáveis desde que atendam aos critérios previstos na lei, quais sejam: que a convivência seja pública, contínua e duradoura e haja a intenção de constituir família, portanto, os casais homossexuais correm os mesmos riscos dos casais heterossexuais de terem seus namoros confundidos com uniões estáveis, com todas as consequências jurídicas e patrimoniais daí decorrentes.

**12. A lei fixa o tempo de convivência mínimo para que um namoro passe a ser reconhecido como união estável?**

Não. O Código Civil não fixou um período mínimo de convivência. A Lei n. 8.971/1994 previa o prazo mínimo de cinco anos ou a existência de filhos comuns para configurar a união estável, mas essas exigências não existem mais.

**13. Os contratos de namoro só podem ser feitos por escritura pública ou é possível a sua realização por meio de um contrato particular?**

Os contratos de namoro podem ser feitos por documento particular e por escritura pública, mas é aconselhável que ele seja feito por escritura pública em cartório de notas, visando atribuir maior segurança e credibilidade à declaração, pois o tabelião tem fé pública.

**14. É indispensável a intervenção de um advogado para celebrar um contrato de namoro?**

Apesar de ser dispensável a participação de advogado para a elaboração desse documento, é altamente recomendável que o casal busque o auxílio de um bom profissional, com experiência na área, pois a questão tratada é bastante relevante e apenas um advogado com conhecimento das regras legais e da evolução jurisprudencial sobre o assunto poderá bem orientar os namorados.

### 15. O contrato de namoro deverá ser renovado anualmente?

Muitos advogados têm orientado seus clientes a renovarem, a cada ano, o contrato de namoro, já que ele é uma espécie de raio-X do casal naquele momento da relação, portanto, a sua assinatura periódica torna a prova do namoro mais consentânea com a realidade, sendo certo que se o namoro tiver evoluído e o casal tiver passado a viver como se fosse casado, esse contrato não se sobreporá à lei.

### 16. Quais elementos vêm sendo considerados pelos tribunais como aptos a indicar que uma relação de namoro está evoluindo para uma união estável?

Há diversos elementos, mencionados no decorrer desta obra, que podem comprovar essa evolução, mas podemos citar a coabitação, a apresentação pública como se o casal fosse casado, filhos comuns, contas conjuntas, inclusão do outro como dependente no plano de saúde ou na declaração de imposto de renda, compra de bens em nome dos dois, realização de investimentos financeiros conjuntos, celebração de contrato de aluguel em nome de ambos, além da troca de mensagens e bilhetes que comprovem que o casal vive como se casado fosse.

### 17. O que é namoro qualificado?

O namoro qualificado seria um estágio intermediário entre o namoro simples e a união estável, no qual há a convivência pública, contínua e duradoura, mas o casal não tem o objetivo de constituir família no presente, apenas no futuro. O namoro qualificado é considerado pela jurisprudência como forma de afastamento da união estável.

**18. Por que os contratos de namoro passaram a ser mais procurados?**

Os contratos de namoro passaram a ser mais procurados após a edição da Lei n. 9.278, de 10 de maio de 1996, que deixou de fixar prazo mínimo para que um relacionamento seja considerado como união estável. Após a pandemia de covid-19, muitos casais passaram a "quarentenar" juntos, o que os fez buscar esses contratos para deixar registrado que, apesar da coabitação, não há a intenção de constituir família.

**19. Por que os contratos de namoro ainda são polêmicos?**

Há muita discussão acerca da validade desses contratos, pois há quem os considere como uma fraude à configuração da união estável, embora eles venham ganhando adeptos que os consideram uma alternativa lícita para que os namorados, mediante a manifestação livre de vontade, deixem registrado o *status* de seus relacionamentos.

**20. Se um casal celebrar um contrato de namoro, mas tiver um relacionamento de união estável, esse contrato valerá?**

Não. Se houver um contrato atestando um namoro que, de fato, não existe, esse contrato não produzirá qualquer efeito, sendo considerado uma declaração falsa.

# REFERÊNCIAS


DAL COL, H. M. União estável e contratos de namoro no Código Civil de 2002. *Revista Jus Navigandi*, ano 10, n. 759, 2 ago. 2005. Disponível em: http://jus.com.br/artigos/7100/uniao-estavel-e-contratos-de-namoro-no-codigo-civil-de-2002. Acesso em: 11 mar. 2021.

DELGADO, M. L. O paradoxo da união estável: um casamento forçado. *Revista Nacional de Direito de Família e Sucessões*, Lex Magister/IASP, v. 2, p. 5-21, 2014.

GARCIA, F. Z. S. A evolução do direito das famílias e da condução de seus conflitos: novos desafios para a sociedade. *IBDFAM*, 3 maio 2018. Disponível em: https://ibdfam.org.br/artigos/1273/A+evolu%C3%A7%C3%A3o+do+direito+das+fam%C3%ADlias+e+da+condu%C3%A7%C3%A3o+de+seus+conflitos:+novos+desafios+para+a+sociedade. Acesso em: 11 mar. 2021.

NIGRI, T. *União estável*. São Paulo: Blucher, 2020. (Série Conhecimento.)

SOARES, R. B. Novas perspectivas para o Direito de Família brasileiro: um olhar voltado para o Estatuto das Famílias. *IBDFAM*, 4 abr. 2011. Disponível em: https://ibdfam.org.br/artigos/721/Novas+perspectivas+para+o+Direito+de+Fam%C3%ADlia+brasileiro:+um+olhar+voltado+para+o+Estatuto+das+Fam%C3%ADlias. Acesso em: 11 mar. 2021.

SUPERIOR TRIBUNAL DE JUSTIÇA (STJ). 3ª Turma (T3). *Recurso Especial n. 275.839-SP*. Julgamento em 2 out. 2008.

SUPERIOR TRIBUNAL DE JUSTIÇA (STJ). 3ª Turma (T3). *Recurso Especial n. 1.107.192-PR*. Julgamento em 20 abr. 2010.

SUPERIOR TRIBUNAL DE JUSTIÇA (STJ). 3ª Turma (T3). *Recurso Especial n. 1.454.643-RJ*. Julgamento em 3 mar. 2015.

SUPERIOR TRIBUNAL DE JUSTIÇA (STJ). 3ª Turma (T3). *Recurso Especial n. 1.678.437-RJ*. Julgamento em 21 ago. 2018.

TAVARES DA SILVA, R. B. (Coord.). *Código Civil comentado*. 10. ed. São Paulo: Saraiva, 2016.

TRIBUNAL DE JUSTIÇA DA BAHIA (TJBA). 4ª Câmara Cível. *Apelação Cível n. 22335-8/2008*. Julgamento em 12 nov. 2008.

TRIBUNAL DE JUSTIÇA DE SANTA CATARINA (TJSC). 6ª Câmara de Direito Civil. *Apelação Cível n. 0309612-26.2017.8.24.0008*. Julgamento em 8 out. 2019.

TRIBUNAL DE JUSTIÇA DE SÃO PAULO (TJSP). 9ª Câmara de Direito Privado. *Apelação Cível n. 9103963-90.2008.8.26.0000*. Julgamento em 12 ago. 2008.

TRIBUNAL DE JUSTIÇA DE SÃO PAULO (TJSP). 4ª Câmara de Direito Privado. *Ação Cível n. 5881894500 SP*. Julgamento em 9 out. 2008.

TRIBUNAL DE JUSTIÇA DE SÃO PAULO (TJSP). 4ª Câmara Cível. *Apelação n. 0014396.19.2013*. Julgamento em 11 nov. 2015.

TRIBUNAL DE JUSTIÇA DE SÃO PAULO (TJSP). 7ª Câmara de Direito Privado. *Apelação Cível n. 1003543-06.2017.8.26.0161*. Julgamento em 3 jun. 2020.

TRIBUNAL DE JUSTIÇA DO RIO GRANDE DO NORTE (TJRN). 3ª Câmara Cível. *Apelação Cível n. 2016.003419-6*. Julgamento em 26 abr. 2016.

TRIBUNAL DE JUSTIÇA DO RIO GRANDE DO SUL (TJRS). 4º Grupo de Câmaras Cíveis. *Embargos Infringentes n. 70008361990*. Julgamento em 13 ago. 2004.

TRIBUNAL DE JUSTIÇA DO RIO GRANDE DO SUL (TJRS). 8ª Câmara Cível. *Apelação Cível n. 70006235287*. Julgamento em 6 ago. 2015.

TRIBUNAL DE JUSTIÇA DO RIO GRANDE DO SUL (TJRS). 8ª Câmara Cível. *Apelação Cível n. 70079824918*. Julgamento em 21 mar. 2019.

TRIBUNAL DE JUSTIÇA DO RIO GRANDE DO SUL (TJRS). 8ª Câmara Cível. *Apelação Cível n. 70082890690*. Julgamento em 10 jul. 2020.

VELOSO, Z. Contrato de namoro. *O Liberal*, 28 mar. 2009. Disponível em: https://www.soleis.adv.br/artigocontratodenamorozeno.htm. Acesso em: 11 mar. 2020.

VELOSO, Z. É namoro ou união estável? *IBDFAM*, 20 jul. 2016. Disponível em: https://ibdfam.org.br/noticias/6060. Acesso em: 11 mar. 2020.

VENOSA, S. S. Contratos afetivos: o temor do amor. *Revista Magister de Direito Civil e Processual Civil*, n. 44, set./out. 2011. (Seção Notas e Comentários)

# INDICAÇÕES DE VÍDEOS


CAPITAL JUS. *Diferenças entre namoro qualificado e união estável*. Disponível em: https://www.youtube.com/watch?v=1C6eua7VwNM. Acesso em: 13 abr. 2021.

TV CRECI. *Contrato de namoro – Questão de Direito 135*. Disponível em: https://www.youtube.com/watch?v=sUDfTAywJnM. Acesso em: 13 abr. 2021.

MATTAR, D. *Contrato de namoro*. Disponível em: https://www.youtube.com/watch?v=eQjP82DtrfY. Acesso em: 13 abr. 2021.